去礼远众
——隋炀帝

◎ 主编 金开诚

◎ 编著 管宝超

吉林出版集团有限责任公司

吉林文史出版社

图书在版编目（CIP）数据

去礼远众——隋炀帝 / 管宝超编著. —长春：
吉林出版集团有限责任公司，2011.4（2023.4重印）
ISBN 978-7-5463-5019-6

I. ①去… II. ①管… III. ①隋炀帝（569～618）—
生平事迹 IV. ①K827=41

中国版本图书馆CIP数据核字(2011)第053446号

去礼远众——隋炀帝

QULI YUANZHONG　　SUIYANGDI

主编/ 金开诚　编著/管宝超

项目负责/崔博华　责任编辑/崔博华　邱　荷

责任校对/邱　荷　装帧设计/李岩冰　刘冬梅

出版发行/吉林出版集团有限责任公司　吉林文史出版社

地址/长春市福祉大路5788号　邮编/130000

印刷/天津市天玺印务有限公司

版次/2011年4月第1版　印次/2023年4月第4次印刷

开本/660mm×915mm　1/16

印张/9　字数/30千

书号/ISBN 978-7-5463-5019-6

定价/34.80元

前　言

　　文化是一种社会现象，是人类物质文明和精神文明有机融合的产物；同时又是一种历史现象，是社会的历史沉积。当今世界，随着经济全球化进程的加快，人们也越来越重视本民族的文化。我们只有加强对本民族文化的继承和创新，才能更好地弘扬民族精神，增强民族凝聚力。历史经验告诉我们，任何一个民族要想屹立于世界民族之林，必须具有自尊、自信、自强的民族意识。文化是维系一个民族生存和发展的强大动力。一个民族的存在依赖文化，文化的解体就是一个民族的消亡。

　　随着我国综合国力的日益强大，广大民众对重塑民族自尊心和自豪感的愿望日益迫切。作为民族大家庭中的一员，将源远流长、博大精深的中国文化继承并传播给广大群众，特别是青年一代，是我们出版人义不容辞的责任。

　　本套丛书是由吉林文史出版社和吉林出版集团有限责任公司组织国内知名专家学者编写的一套旨在传播中华五千年优秀传统文化，提高全民文化修养的大型知识读本。该书在深入挖掘和整理中华优秀传统文化成果的同时，结合社会发展，注入了时代精神。书中优美生动的文字、简明通俗的语言、图文并茂的形式，把中国文化中的物态文化、制度文化、行为文化、精神文化等知识要点全面展示给读者。点点滴滴的文化知识仿佛颗颗繁星，组成了灿烂辉煌的中国文化的天穹。

　　希望本书能为弘扬中华五千年优秀传统文化、增强各民族团结、构建社会主义和谐社会尽一份绵薄之力，也坚信我们的中华民族一定能够早日实现伟大复兴！

目录

一、少年时光

隋炀帝杨广（569—618）是中国隋朝的第二代皇帝，公元604年—618年在位，年号"大业"，统治中国14年。杨广是一位亡国之君，"炀帝"乃他死后唐朝给他的谥号。按《谥法》规定："好内远礼曰炀；去礼远众曰炀；逆天虐民曰炀。"因此杨广是历史上有名的好色荒淫、穷奢极欲的暴君，这是不争的事实。但是纵观他的一生，也并不是一无是处。杨广年少

时也是英俊聪慧，文武兼备。曾率军饮马长江，灭掉陈朝统一中国。在他当政初期，也曾颇有政治抱负，开凿运河，创建科举；北拒突厥，西拓西域；隋朝经济得到了快速发展。可是中国封建制度赋予皇帝绝对的权威和不受监控的为所欲为的权力，使隋炀帝登上皇帝宝座不久，便不思进取，利令智昏，无所顾忌地放纵自己的欲望。天天过着骄奢淫逸、声色犬马的生活；同时施暴于民，滥杀无辜；还好大喜功、穷兵黩武，给人民带来了巨大的灾难和痛苦，社会经济也遭到了巨大破坏，人民不得不揭竿而起。最后杨广不仅断送了自己的大好江山，而且落得众叛亲离被臣下勒死的可悲下场。

（一）显赫家世，年幼居藩

公元569年，一名叫阿摩的婴儿呱呱坠地，他就是对后世影响深远的隋炀帝杨广。他出生的时候正是中国经历了长期分裂战乱的南北朝后期。当时，神州大地并列着三个王朝：北周、北齐和陈。而隋炀帝就出身于北周贵族武将之家，父亲杨坚是北周大将军、隋国公，母亲独孤氏，是北周柱国大将军独孤信的女儿，也是武将之后，名门闺秀。这个婴儿是他们的第二个儿子。儿子出生后，父母欢天喜地，他们给儿子取名杨广。可以说杨广

出身名门世家，这为他以后君临天下奠定了一定的基础。杨广自小就长得漂亮、可爱，而且聪明伶俐，因此父母又给他另取一名——杨英，大概因为其仪表英俊吧。

当杨坚还是北周大臣的时候，杨广就因父功被封为雁门郡公。公元581年，雄才大略的杨坚代周称帝，建立隋朝。杨广于同年被封为晋王，并担任并州（治山西太原）总管，这时杨广才13岁。次年，隋置河北道行台尚书省于并州，又任武卫大将军、上柱

国、河北道行台、尚书令。可以说在别人还是青春年少、无忧无虑的时候，杨广就身负起政治的重担。他在获得权力和富贵的同时，亦失去了少年的快乐与天真。这就是生活在皇家的幸与不幸。

一个13岁的少年，担任如此重大的责任，主要是因为隋文帝杨坚吸取了北周孤弱而亡的教训，使诸子各掌一方，以巩固杨家的统治。文帝也是深怕皇子年少担任不了如此重任，对杨广也不放心，便选择了朝中有威望的大臣王韶、李彻、李雄等来辅佐他。王韶等人也没有辜负文帝的委托，他们照顾杨广的生活，还对其进行教育，而且经常对杨广直言相谏，这对杨广的成长是有好处的。有一次，王韶出巡长城，杨广在并州"凿湖造山"。王韶回来以后，立即"自锁而谏"，使杨广停止了这个工程。

杨广本人也不像一般的纨绔子弟，门第世家固然为他提供了奢侈豪华的优越条件，但隋朝时代的政治风云，杨家先代的文治武功，将门之子所受到的各种熏陶，塑造了他矛盾多面的秉性：既有专擅威福、纵情声色的欲望，又有矫情造作、希望人称道其贤明的虚荣心；既有一个花花公子的低级趣味，又有军事统帅的风度和文武才干。这两种秉性一直并存着，而在他称帝独尊之前，前者还处在自我抑制的阶段。

杨广十分好学，擅长写文章，性格沉稳，朝野属望。隋文帝曾暗中令善相面

之人来面相五个儿子，来人经过仔细观察，对隋文帝说："晋王（杨广）眉上双骨隆起，贵不可言。"同时由于政治斗争环境的残酷性，杨广从小也是工于心计。不久，隋文帝又亲自到杨广府第视察。杨广深知父皇讨厌声色，他故意弄断乐器的弦，乐器上的灰尘也不加擦拭，隋文帝看了十分高兴，以为这位爱子远离声色，因此比以前更加喜欢杨广。还有一次行猎遇雨，左右随从送上油衣，他说："士卒都被雨淋湿了，我怎么能自个儿穿油衣呢？"命左右拿走。远离声色和拒穿油衣皆是自我控制之表现，此乃为一国之君的必要条件。这两件事本是值得人们称颂的，但是杨广之所以如此做，并非是发自真心的，而是沽名钓誉之举，故一旦跃居帝位，立即懈怠纵欲。

杨广受封晋王坐镇并州，主要任务是防御塞外的大敌突厥。早在隋朝崛起之前，雄踞漠北西域的突厥汗国已经是亚洲大陆的霸主，隋朝建立之后，击败和削弱突厥是当时面临的最大的政治军事问题。

　　突厥本是我国西部的一个少数民族，姓阿史那氏，居住在金山（阿尔泰山）南麓。6世纪中叶，土门酋长时期开始强盛起来，称伊利可汗，摆脱了柔然的束缚，建立了东至辽海、西达西海、南至大漠、北到北海（今贝加尔湖）的突厥汗国。北周、北齐年年都要忍辱向突厥送财物。隋文帝建立隋朝以后，不再给突厥财物，对突厥采用"远交近攻"的方法。开皇三年（583年），隋文帝派重兵分八道出击突厥，大胜而归。而杨广此时也多向

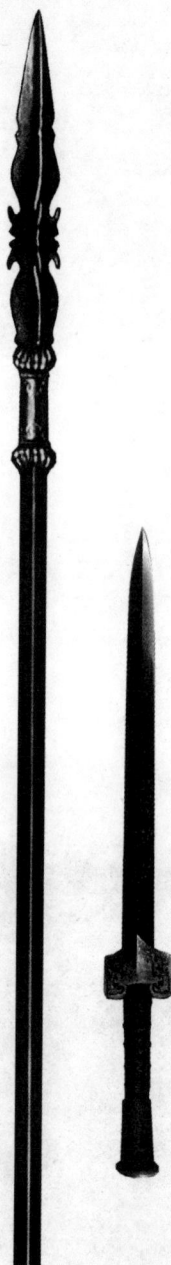

文帝献计献策，显示了一定的军事领导才能。由于隋朝的打击和突厥内部的斗争不断，突厥分裂为东西两部。开皇四年（584年）东突厥首领沙钵略走投无路，被迫向隋奉表投降，东突厥成为隋朝的依附。北境的和平使隋文帝可以腾出手来部署兵力，扫灭南边的陈朝，中国统一的时机终于到来。

晋王杨广因尚年幼，在这一段时间的对突厥反击战中没有起到太大作用，但晋王府的许多将领多次参加了反击作战。杨广在北境边塞所经历的战争岁月，为以后的统兵伐陈积累了相当的经验和资历。

（二）饮马长江伐陈有功

隋朝建立以后，并没有完全统一中国，在长江以南依然存在着腐败的陈朝。但是由于即位之初，政权建设和经济恢复尚需时日，再加上北边突厥的严重威胁，因此隋文帝虽有南下平陈之念，但碍于上述因素，迟迟未有行动。但统一是大势所趋，是历史的必然，随着在北方对突厥的决定性胜利，统一已经变成迫在眉睫的议题了。

在隋朝正加紧军事准备的同时，陈朝正整天处于一片歌舞升平之中。当时的陈后主更是昏庸无能、不理朝政，整天和后宫女人厮混在一起。唐代诗人杜牧写了脍炙人口的《泊秦淮》："烟笼寒水

月笼沙，夜泊秦淮近酒家；商女不知亡国恨，隔江犹唱后庭花。"诗中所感所述的就是这个昏君，《玉树后庭花》正是这个亡国之君与其嫔妃所做。陈朝江山也就断送在这靡靡之音当中。

一切准备就绪以后，开皇八年（588年），隋文帝在寿春（今安徽寿县）设置淮南行台省，任命晋王为行台尚书令，总领伐陈事宜，为伐陈统帅。隋朝君臣于太庙祭告天地祖宗，请求保佑胜利，又宣布赦免陈境内死囚，允许他们报效隋军，灭陈战役正式开始。隋文帝命杨广从六合（今江苏六合）出兵，杨俊从襄阳（今湖北襄樊）出兵，蕲州刺史王世积从蕲春（今湖北蕲春）出兵，庐州总管韩擒虎从庐江（今安徽庐江）出兵，吴川总管贺若弼从广陵（今江苏扬州）出兵。共有总管九十人，军兵五十一万余人，一律受晋王指挥。

平陈统帅杨广，时年不过20岁，已是一位英俊威武的青年。兄长杨勇作为皇太子，乃天下之本，坐镇京师协助父皇主

政，灭陈大业自然落到老二杨广的肩上，这给了他在历史舞台上崭露头角的极好机会。奉命南征，杨广在获得北御突厥的虚名之后，又肩负起南平陈朝的重担，这对渴望建功立业的青年杨广来说，无疑是天赐良机。

晋王受此重任，统帅平陈的五十多万大军，浩浩荡荡，沿长江而下，一起出击，不费吹灰之力便将陈朝打败。可怜的陈后主只顾自己享乐，最后和他的两位美人在井中被活捉。国破家亡，异常凄惨。灭陈之战，晋王杨广虽为统帅，但在很大程度上是坐享其成的，因为大的战略部署完全是由文帝制定，实际指挥部署的是高颎，亲帅三军冲锋陷阵、攻破陈都建康的是贺若弼、韩擒虎，沿江东下扫除残余势力的是杨素。但杨广毕竟是最高统帅，指挥之功自然功不可没。进建康以后，杨广将围绕在陈后主身边的奸佞小臣全部杀掉——中书舍人施文庆接受委任而不忠诚，反而巧言谄媚，蒙蔽了君主的耳目；中书舍人沈客卿监管金帛局，重税聚敛，搜刮民财来取悦君主；太市令阳慧朗、刑法监徐析、尚书都令史暨慧景都是祸国殃民的奸臣，在石阙下将他们五人一同斩首，来向三吴的民众谢罪。杨广派高颎和元帅府记室裴矩搜集图书古籍，封闭库府，江南的资财丝毫不取，世人都称赞杨广，认为他很贤明。杨广的这些行为得体，显示了自己的胸襟，以天下为己任。

在平陈的战争中，也

暴露了杨广的权力欲望和声色之欲。平陈大将贺若弼在灭陈战役中功勋卓著，他以智谋侵袭陈朝的江防力量，多次佯攻，使南朝处于长期紧张状态。屡次佯攻之后，陈朝军队放松警惕，隋朝军队乘机渡过长江，突破了陈朝依靠的长江天堑防线，然后率军乘机直取建康，获得决定性胜利。这本应是受到嘉奖之举，但是由于没有得到杨广的批准，引起杨广的极大不满，觉得是对其统帅地位的漠视，便以"违反军令，先期决战"之名，将贺若弼逮捕交给主管官员。但文帝知道此事后，立即将贺若弼开释，并给予丰厚的奖励。文帝下诏告诫杨广说："平定江表，贺若弼与韩擒虎之力也。"贺若弼事件说明杨广的独断专行以及他对功臣的猜忌与寡恩。陈后主有个漂亮的妃子，名叫张丽华，原是兵家的女儿。张贵妃的秀发长七尺，乌黑发亮可以照人，她的性情灵敏聪慧，一双秀目光彩四溢，因此深得陈后主的宠爱。杨广早就听说张丽华的美貌，一心要在灭陈后得到她。灭陈时，高颎先进入了建康城，他的儿子高德弘做晋王杨广的手下。杨广派高德弘急速赶到高颎那里，传令留下张丽华。高颎说："从前姜太公蒙面斩了商纣王的宠妃妲己，现在岂可留下张丽华！"于是斩了张丽华。高德弘回来报告，杨广立即变了脸色，但仍然假装感谢高颎的样子说："古人说'无德不报'，我一定会有办法报答高公的！"从此以后怨恨高颎，在他登上皇位以后不久，便将高氏全家诛杀。

晋王杨广在平陈凯旋受赏之后，出镇并州，重新肩负起监视和抵御北边突厥的重任。陈全境两三个月即全部归于隋朝。然而，要控制江南绝非是夺取一城一地就能办到的。由于近四百年的南北分裂，南北政治与文化差异较大，巩固统一局面也非轻而易举之事。如何施恩

感化旧陈民众，清其策反之心，调和南北世人的感情，以促进文化合流，巩固统一局面，则比粗暴的军事征服更加复杂。由于一些措施不当，终于激起南人的不满，开皇十年（590年），一场规模巨大的反隋叛乱在陈境内全面爆发。参加叛乱的有江南社会的各个阶层，一时声势巨大，局面混乱不堪。隋文帝一面派越国公杨素调集府兵前往江南镇压，另一方面，又调并州总管晋王杨广为扬州总管，移镇江都。22岁的杨广又一次临危受命来到南方。与杨素的血腥镇压不同，晋王杨广更注重招抚，剿抚并重，攻心为上。江南叛乱很快就被平息下去。杨广从开皇十年（590年）出任扬州总管，镇守江都，到开皇十九年（599年）由江都离任入朝，坐镇江都整整十年。在这十年里，他开始广泛接触江南人士，推行文教事业，调和南北差异，同时还加强对宗教的保护利用，在江南设立四道场，这些措施对于促进南北文化的交流和国家的统一是有益的。

（三）恃宠夺宗逼宫即位

杨广在凯歌中长大成人，胜利和成功激发了他的勃勃野心。他开始不满足于做一个小小的藩王，眼睛瞄上了最高的皇权。隋文帝共有五个儿子，长子杨勇，次子杨广，三子杨俊，四子杨秀，五子杨谅。隋文帝按封建社会的礼制规定，立长子杨勇为皇太子，成为法定皇位继承人。身为

次子的杨广是没有资格继承皇位的。杨广知道这是一场不在同一起跑线的斗争，要想获胜，权谋的运用是至关重要的。

杨广明白，要想争得太子的地位，一是要讨得自己父母的欢心，二是要笼络自己的党羽势力。按照这两个策略，他和隋文帝、杨勇演出了一幕幕惊险残酷的篡夺皇权的历史剧。

杨广既有皇家血统，又有南征北战的威望，已具有相当雄厚的实力。但想要夺得皇太子之位不仅需要实力，还需要抓住机会。这种历史机遇也正呈现在杨广眼前，这就是哥哥杨勇的不堪为嗣，给杨广留下了可供钻营的空隙。当杨广在费尽心机不择手段地算计哥哥杨勇之时，太子杨勇不但没有丝毫的警觉和戒备，反而纵情声色，授人以柄。杨勇自以为居于嫡长，皇太子地位已经巩固，因而从不虚情假意地讨父母欢心，压根也没有注意弟弟的夺嫡阴谋，而是越来越放荡，骄奢

淫逸,丝毫不节制自己的私欲。

杨勇明知道自己母亲独孤皇后不喜欢男子宠爱姬妾,却明目张胆地欢好女色,把父母给他娶的嫡妻元氏冷落一旁,与其他的姬妾吃喝玩乐。他曾对比自己年长几岁的叔父杨爽说:"阿娘不给我好妇,真可恨!"甚至指着皇后的侍女当面对杨爽说:"这都是我的女人。"使独孤皇后极为不满。隋文帝是一个十分节俭的皇帝,可杨勇偏偏喜欢奢华铺张,令隋文帝十分不喜。冬至那天,杨勇大张旗

鼓地接受百官的朝贺，隋文帝生怕大臣和皇太子走得太近，影响自己的皇权，这又触犯他的忌讳，父子之间也渐生隔阂。杨勇的肆意妄为，动摇了自己皇太子的地位，隋文帝和独孤皇后都有意取消他继承皇位的资格。

杨广为讨父母欢心，则是刻意掩饰自己的欲望。为了迎合独孤皇后，他只和王妃萧氏居住，每当他和其他的女人生了孩子以后，就把婴儿杀掉。杨广在任扬州总管时，趁入宫辞别独孤皇后的机会，故意跪在母亲面前痛哭流涕说皇太子要加害他，这如同火上浇油，促使独孤皇后决计废除太子。父母每次派人来，杨广都亲自和

王妃到门口迎接，并用丰盛的酒宴招待，临走时再送上礼物。这些人得了好处，自然会在隋文帝和独孤皇后面前称赞杨广。有时隋文帝和独孤皇后去杨广那里，他便把年轻貌美的姬姜藏起来，让年老丑陋的人穿上粗劣衣服服侍隋文帝和独孤皇后，隋文帝夫妇见杨广节俭而又不好声色，就更加宠爱他了。

同时杨广还积极组建自己的党羽集团，其中以张衡、宇文述为骨干力量。杨广深知中枢权力圈的大臣对文帝政治取向颇具影响，是夺嫡的重要环节，于是又卑辞厚礼，结交朝中大臣。当时杨素是隋朝著名大将，深受隋文帝重用，可谓权倾朝野。因此要取得夺太子位的成功，必须要拉杨素入伙。杨素虽说位极人臣，但是他与晋王杨广却缺乏交情，与皇太子杨勇也没有交恶，要使老谋深算的杨素成为杨广的同党，也非易事。宇文述说他与杨素的弟弟杨约交情不浅，就请杨广派他

去京师先拉拢杨约。杨约是杨素异母弟，此人性格沉静，并且狡诈，深得哥哥的信任，杨素办什么事都是先与其商议，然后才办。宇文述找到杨约，整天与其吃喝玩乐，并且故意将金钱输给他，趁机将杨广的意思告诉他，并危言耸听地说："你们兄弟得罪了皇太子，皇帝一死，你家就要大祸临头了。如今皇太子失宠，主上有废立之意，请立晋王杨广为太子，就看你哥哥一句话了。"利害关系已点明，权力斗争的老手杨素自然明白，于是积极参与杨广夺嫡活动。

在后宫的一次宴会上，杨素巧妙地试探独孤皇后的意思，对她说："晋王仁孝恭顺，很像当今圣上。"一句话触到独孤皇后的痛处，对杨素说了一大通杨广的好处和杨勇的不是。两人一拍即合，独孤皇后便把杨素引

为知己，赐给他金银财宝，让他作为废立太子的费用。由于得到独孤皇后的支持，杨素更是有恃无恐，走上了前台，充当了废立的主角。

隋文帝也有废立太子的意思，只是碍于朝中大臣，难于启齿。有一次，他曾暗示尚书左仆射、齐国公高颖，高颖马上提出反对，隋文帝很不高兴。又有一次，隋文帝命选东宫卫士宿卫自己，高颖又加以反对。隋文帝认为这是因为高颖与太子是翁婿关系，庇护太子。随着积怨愈深，高颖被削职为民。杨勇在朝中失去了强有力的支持者，就更加势单力薄。

杨素这时担任的是穿针引线的角色，一方面在隋文帝夫妇面前赞颂杨广，攻击杨勇；另一方面在朝中大肆活动，广造舆论，煽动更多的人诽谤太子。于是有关太子的流言飞语接二连三传到隋文帝那里。杨素又进谗言说："太子心怀怨恨，恐他有变，应严加防守。"于是隋文

帝派人刺探太子的情况，又裁减东宫卫士，去健壮，留老弱，东宫属官有才能的也被分别调开。

终于杨勇被废为庶人，杨广如愿以偿，被立为皇太子，取得了皇位的继承权。杨广坐上太子的宝座以后，又命杨素捏造罪名，将自己的弟弟蜀王杨秀废为庶人。杨勇屡次请求见隋文帝申冤，都被杨广阻止，这样，杨广便稳坐东宫，静等隋文帝死后当皇帝。

仁寿四年（604年），隋文帝卧病仁寿宫不起，形势十分严峻。杨广虽说已立为太子，可是处处还得看皇帝眼色行事，统治集团的各种暗流仍在涌动。因此杨广见此时机，已是急不可待，写信给杨素问如何处理后事。可是事情不巧，回信被送给了隋文帝，隋文帝看了十分生气。隋文帝命宠爱的宣化夫人陈氏入内侍候，杨广见了不由欲火焚身，兽性大发，企图逼奸她。陈氏不从，向隋文帝哭诉，隋文帝得知以后大骂道："畜生何足以托大事！"对柳述、元岩说："速召我儿！"柳述等便想找杨广来，隋文帝连呼"勇也"。柳、元二人便外出起草诏书，诏杨勇前来。

　　这一风云突变，使形势急转直下。此时杨广的心腹已遍及朝野，得知这一消息，杨广急命心腹宇文述等人率兵包围皇宫，撤换文帝的卫士和服侍之人，后又干脆杀掉杨勇。同一天，隋文帝驾崩，死因不明，后人多认为是被杨广派人害死的。就这样，杨广登上了皇帝的宝座，史称隋炀帝，年号大业。立萧氏为皇后，立长子杨昭为太子。炀帝即位后，最小的弟弟并州总管杨谅起兵反抗，但很快被平定。

二、功过是非

（一）革新律制创建科举

隋炀帝杨广取得帝位以后，为收揽民心，又大修文治，改定典章制度，力求有所创新。他刚办完隋文帝的丧事，就开始着手进行改革。

炀帝厘定制度主要表现在以下几个方面：

一是改革行政制度。在中央，开皇元

年（581年），隋文帝下令废除西魏、北周
时期的"六官制"，开始实行以尚书、内
史、门下三省为行政中枢的制度，内史省
负责皇帝诏书的起草，门下省负责诏书的
审批，而尚书省是皇帝诏书的执行机构，
这样分工，使中央各部门的职能更具体，
运转更顺畅。这一制度到唐代得到继承
和发展。地方上，改魏晋南北朝以来的州
郡县三级制为二级制。隋朝初年，由于战
乱频发，人民流离失所，加之地方机构的

不作为，导致地方机构设置混乱。当时的情况是：在不足一百里的土地上几个县同时存在，人口不满一千户的地方却有两个郡来分领。更可笑的是，有的郡、县只有名称，根本没有自己的辖地。然而，州郡县所辖的土地和人口虽少，官员的数量却很多。国家要给官员发俸禄，却又拿不出钱，只好把这笔费用摊到老百姓头上，以致民不聊生、怨声载道。隋朝建立之初，便改州、郡、县三级为州、县两级（大业年间为郡、县两级）。此举大大加强了政策法令上传下达的速度，提高了行政效率，减少了官员的数量，减轻了百姓负担，也有利于中央对地方的管理。

二是继续推行均田制，减免赋役。均田制始于北魏，它是在国家掌握大量土地的前提下，将土地分给农民耕种，农民向国家交纳赋税的一种制度。由于战乱，隋初有大量的土地无人耕种，百姓劳动的热情也非常高，鉴于此，隋朝推行均田

制。根据均田令,百姓基本都能获得一份土地。同时,在文帝和炀帝前期,还大力减免百姓所承担的国家赋役。如:文帝开皇三年,将承担赋役的年龄由18岁提高到21岁;到炀帝大业前期,男子的成丁年龄又提高到22岁。而且,隋炀帝还经常临时性地减免赋税。隋前期实行的与民休息政策,大大提高了百姓的劳动积极性,同时也给中央王朝带来了巨大的收益。至文帝末年,国家的粮食储备已相当充足,

可以保证五六十年的供应。

三是改革教育制度，创建科举。隋炀帝恢复了被杨坚废除了的国子监、太学以及州县学。他兴办学校，访求遗散的图书，并加以保护。隋时的藏书量是中国历代最多的，隋朝藏书最多时有37万卷，七万七千多类图书。可大部分图书毁于战火，唐玄宗时藏书最多时8万卷，唐学者自著28467卷，唐以前图书只剩28469卷，可惜这些图书大部分也难逃战火。此外，他还组织人编写了《长洲玉镜》400卷和《区宇图志》1200卷，规定了藏书以甲乙丙丁为目，分经史子集四类，这就是后来的四部分类法，这些都是隋炀帝的创举，他对于保存我国古代的典籍做出了很大的贡献。

随着士族门阀的衰落和庶族地主的兴起，魏晋以来选官注重门第的九品中正制已无法继续下去。隋文帝即位以后，废除九品中正制，开始采用分科考试的

方式选拔官员。隋炀帝时，正式设立进士科，我国科举制度正式诞生。这一制度一直沿用到清末。大业二年(606年)，隋炀帝始建进士科，典定科举制度，这是中国历史上具有划时代意义的大事。杨广创建了对后世影响深远的科举制，开设进士科，那时的进士科以考政论文章为主，选择"文才秀美"的人才。《通典》说杨广优先考虑的是个人的品质而不是文才。炀帝时还增加了科举录取人数。至607年，考试科目已经有了十科，标志着科举制度的产生。

科举制的创立是封建选官制度的一大进步，冲破士家大族垄断仕途的局面，起到抑制门阀的作用；扩大了官吏的来源，为大批门第不高的庶族地主知识分子参政提供了机会，"大者登台阁，小者任郡县"；科举制把读书、考试和做官紧密联系起来，提高了官员的文化素质；科举取士把选拔人才和任命官吏的权力，从地方豪门士族手里集中到中央政府手里，大大加强了中央集权，有利于政局的稳定。因此，这一制度为历朝所沿用，影响深远。

四是修订法律。大业二年（606年），鉴于隋文帝末年法令严峻、人民喜欢宽政的局面，诏吏部尚书牛弘等人修订新的律法。于大业三年（607年）四月颁行，一共十八篇，共五百条。该律规定的刑罚较《开皇律》为轻。死、流、徒、杖、笞等五刑中该重就轻的有二百多条，此外还取消了"十恶"的名目及其中的某些条文，

表示"宽刑"。但是法律修订以后，并没有得到很好的执行，特别是到了炀帝末年，用刑十分残酷。

从隋炀帝改定的这些制度来看，即位之初，他还是一个有见识、有抱负的统治者，是希望有所建树的。但是他绝不是一个励精图治的皇帝，后来的残暴统治将这些改革的益处抵消得一干二净。

（二）大兴土木开凿运河

尽管隋炀帝以弑父杀兄的途径获得帝位，但为了证明自己作为皇帝是当之无愧的，便试图在短期内建立最伟大的功业，以期与秦皇汉武功绩相媲美。同时自己当上皇帝，无人管制自己的私欲，多年的压抑一扫而去，现在可以无所顾忌地享受生活了。

在大业元年(605年)，隋炀帝派杨素等人负责修建洛阳城。当时，每月都有二百万人在工地上劳动，经过一年的努力，终于完成。新的洛阳城有宫城、皇城和外郭城。外郭城也就是大城，周围有七十里长。里面的皇城是文武衙门办公的地方。再往里，就是宫城，周围有三十里。隋炀帝修建洛阳城，是有统治国家的战略考虑的。当时国都长安在西北面，往东的路不太畅通，影响了国家政令的畅达。洛阳则处在国家的中心地带，可以有

效地治理江南，控制北方，巩固国家。还有，在长安的时候，各地的粮食运往长安要费时费力，到了洛阳便可以很方便地取得粮食，减轻了百姓负担。这也为后来的唐朝繁荣昌盛打下了坚实的基础。

大业元年（605年），隋炀帝即位第一年就征调百万士兵和夫役，修造通济渠。同年又改造邗沟。大业三年，又征调河北民工百万开凿永济渠。大业五年沟通长江黄河。至此，开凿大运河的工程基本完成。隋炀帝开凿大运河前后用了六

年的时间。隋炀帝先后开凿疏浚了由黄河进入汴水，再由汴水进入淮河的通济渠；从淮河进入长江的邗沟；从京口（现在江苏的镇江）到达余杭（现在浙江杭州）的江南河；引沁水向南到达黄河，向北到达涿郡（现在的北京）的永济渠。这些渠南北连通，就是历史上有名的大运河。大运河从北方的涿郡到达南方的余杭，南北蜿蜒长达五千多里。隋炀帝在修运河的同时，运河两岸筑起御道，种上杨柳树。从长安到江都,沿途建造离宫四十多处,沿运河还建立了许多粮仓,作为转运或贮粮之所。

南北大运河,将钱塘江、长江、淮河、黄河、海河连接起来。当时运河上"商旅往返,船乘不绝",大运河对隋唐时期南北经济、文化交流,维护全国统一和中央集权制的加强,都起到了促进作用。大运河不仅加强了隋王朝对南方的军事与政治统治,而且使南方的物资能够顺利地到达当时的洛阳和长安,在有

利于军事和政治的同时，南北方的文化交流也得到了有力的加强。如此浩大的工程，利于千秋万代。大运河对于中国来说远比长城更重要。大运河连接黄河流域长江流域，连接了两个文明，使黄河流域和长江流域逐渐成为一体。修建大运河是凝聚中国之举，满足了将已成为全国经济中心的长江流域同仍是政治中心的北方连接起来的迫切需要。大运河的修建使中国水运畅通、发达，为中国后世的繁荣富强打下了牢固坚实的基础。自清末改漕运为海运，大运河才不再是国家经济的大动脉了。隋炀帝的这一举措为后代带来了巨大的好处，然而为此付出的代价也太大。劳民伤财导致灭国。

这一系列大规模的土木工程，一方面使国家耗费巨资，堆积着劳动人民的累累白骨；另一方面，的确加强了隋朝对全国的统治，维护了国家的统一。东都的营建和大运河的开凿，为各地物资统一平

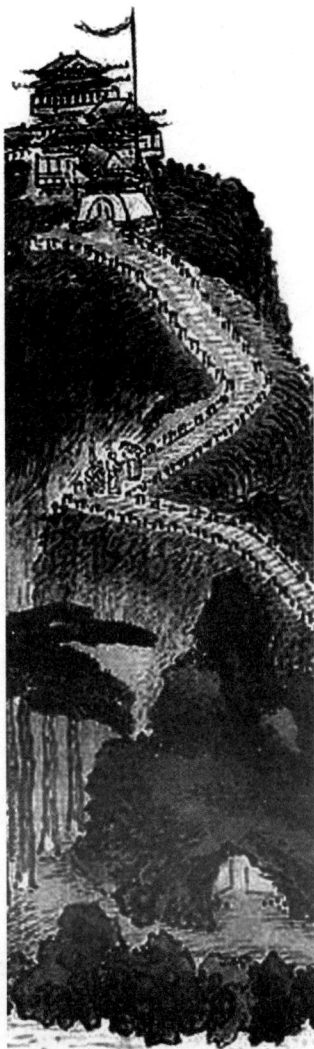

衡的运送调动以及以后中国的经济重心南移提供了有效的方案和条件，奠定了之后一千多年的政治、经济的规模和格局。然而就大兴土木而言，皇帝必须首先考虑到子民的承受能力，要考虑子民的生存状态。隋炀帝就是没有注意人们的承受限度，不记成本地滥用民力，驱民于水火，无视人民最起码的生存权，必然产生暴政，亡国亦不可避免。

（三）北巡突厥方勤远略

经过二十年的战争与招抚，隋炀帝时东突厥已经臣服。然而，处于游牧社会的突厥与处于农业社会的隋朝，无论是社会生活还是政治制度仍然有极大的不同。因此要保持北边国境的长久安宁，就必须对突厥实行恩威并施的政策。隋炀帝决定巡视突厥，以显中华之富强和对少数民族的重视。

　　大业三年（607年）正月初一的早上，当时的突厥启民可汗正进京朝见隋炀帝，见到宫中数不胜数的文物，非常羡慕，请求袭用中华的冠带服饰，炀帝不允许。第二天启民可汗又带领他的下属上表坚决请求，炀帝见到启民可汗如此拜服中原文明，虚荣心得到极大的满足，抑制不住内心的喜悦，对牛弘等人说："当今衣冠全备，致使可汗揭开发辫请求袭用我

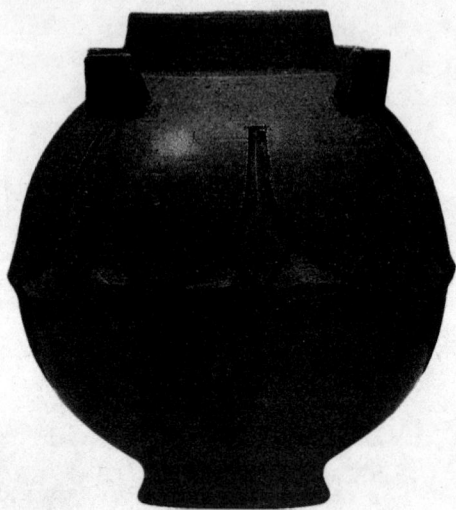

中华的冠带服饰，是众爱卿的功劳。"于
是赏给每个人很多丝帛以资鼓励。

四月炀帝巡视北方，住宿在赤岸泽
（今陕西华县北）。五月，启民可汗派遣
他的儿子拓特勒前来朝见。炀帝征发河
北十多个郡的青年男子开凿太行山，直
达并州以开通驰道。启民可汗派其侄子
毗黎伽特勒前来朝见。没过几天启民可
汗又派使节请求亲自入塞迎接圣驾，炀

帝没有允许。六月，炀帝以及随行兵马驻扎在榆林郡（今内蒙古托克托西南）。炀帝要出长城到塞北炫耀武力，要直接经过突厥到达涿郡（今北京西南），恐怕启民可汗惊扰害怕，先派武卫将军孙晟宣谕皇帝圣旨。启民可汗奉诏命，于是召集所属诸国部落如奚、室韦等酋长数十人聚在一起恭候隋朝皇帝。从榆林到北突厥牙帐，到东面的涿郡修筑了一条长三千里、宽一百步的御道，突厥全国都出力服役。

炀帝住在行宫中，启民可汗和义成公主亲自来到行宫朝见炀帝。吐谷浑、高昌也同时派出使节前来觐见。这一切使炀帝的虚荣心得到了极大满足。几天以后，炀帝坐在北楼上，一边看士兵在黄河中捕鱼，一边宴请百官群僚。

启民可汗一再上表，认为："先帝（隋文帝）怜悯我，赐给我义成公主，赏赐各种物品，使一切都不缺乏。我的兄弟因

此嫉妒，想要杀掉我。我当时真是走投无路，仰望只有天空，俯视唯有大地，奉献上身家性命完全依赖归附于先帝。先帝可怜我将要死掉，收养我使我获得新生，任命我为突厥大可汗，回去安抚突厥的民众。陛下如今统治天下，还像先帝一样，养护我和突厥的民众，使之一切都不缺乏。我承受的圣恩是言语所不能表达的。现在我已经不是从前的突厥可汗，而是皇上的臣民，希望带领全部落的民众变更衣服，完全同华夏民众一样。"炀帝虽说很高兴，但还没有失去理智，因此他认为不可行，赐给启民可汗玺书，告谕说："大漠以北尚未平静，仍需要征战，只要存心恭敬顺服，又何必改变服装？"

炀帝想要向突厥人夸耀显示隋朝的强大和富足，命令宇文恺制作特大的帐篷，帐篷可以容纳几千人。大帐篷做好以后，炀帝在城东亲临大帐，准备了盛大的仪式和威武的卫队，宴请启民可汗和其

他部落的酋长们，并且演奏隆重的乐曲，
让他们感受到华夏文明礼乐之先进。突
厥哪见过这个阵势，个个又惊又喜，争先
恐后地进献牛、羊、马等数万头。炀帝赏
给启民可汗丝帛二十万匹，对他的手下也
给予不同程度的赏赐。还给予启民可汗
辂车（古代诸侯乘坐的车子）、乘马、鼓
乐以及觐见天子不称名称的特权，地位
在诸侯王之上。又下诏征发青壮年男子
一百万修筑长城，西起榆林（今内蒙古托

克托西南），东到紫河（今山西右玉西）。尚书左仆射苏威极力劝阻，但是炀帝固执己见。高峻的长城既是隔断华夷的城墙，又是显示帝国威风的艺术品。由此可见，隋炀帝的民族政策还是华夷有别的，是要确立汉民族中原王朝正朔形象，让夷狄都听命于隋朝皇帝。

八月秋高气爽，炀帝从榆林出发，经过云中（今内蒙古土默特左旗东南）沿金河（今内蒙古大黑河）溯流而上。当时天

下承平已久，各种物资都极为充足富裕，陪同炀帝出行的带甲之士就有五十多万，战马十多万匹，旌旗招展，辎重满路，千里不断。炀帝又命人制作观风行殿，殿上可以容纳卫士几百人，能分开也能合并，行殿下安装轴轮以便推移。同时又制作行城，周长大约两千多步，用木板做主干，周围披上布料，装饰各种丹青颜色。行城上还有防守用的城楼。胡人以为炀帝一行人运用神功营造了这些华丽的建筑，无比震惊，每望见御营，在十里之外就赶快下马屈膝叩头。

启民可汗奉献庐帐等待御驾的到来，隋炀帝一行经御道来到大利城（今内蒙古和林格尔西北）的牙帐，萧皇后也来到义成公主帐前。启民可汗恭敬地跪倒在地上，手中捧着酒杯为皇帝祝福长寿，而王侯以下的突厥官员也在帐前袒身割肉，没有人敢仰视炀帝。炀帝十分高兴，看到彪悍的突厥降服，王公屈膝于自己的

面前，隋炀帝的权力意志得到极大满足和舒展，当时即赋诗一首。炀帝赐给启民可汗和义成公主金瓮各一个，还有衣服、被褥和锦彩，突厥贵族也有各种不同的赏赐。由于天气渐冷，隋炀帝没有按预定的计划东走涿郡回朝，而是就近取马邑道入塞，启民可汗一直护驾至入塞后才回牙帐。

大业四年（608年）四月，炀帝诏令："突厥启民可汗尊奉朝廷的教化，思念改变戎人的风俗，可以在万寿戍建筑城池，修造房屋，使用的物品一定优厚供给。"

大业五年（609年）正月，启民可汗前来朝见天子，炀帝对他礼遇和赏赐更加优厚。十一月，启民可汗去世，隋炀帝十分伤心，特地为他停止朝会三日，立他的儿子咄吉为可汗，这就是始毕可汗。他继续实行与隋友好的政策，双方频频遣使，贸易也有所发展。

（四）巡视西域重建丝路

隋成立时，西域广大地区的霸主是突厥。突厥分裂后，西突厥是西域的主人，他们控制了沟通东西方的丝绸之路。隋文帝虽成功地降伏了东突厥，但是对西突厥尚无暇顾及。炀帝继位以后，值天下承平已久，国力强盛，随即对西域开始大规模、有系统的征服。

西域昭武九姓及诸多胡人，魏晋以来就不断来内地经商。隋朝统一以后，贸易更加昌盛。大业三年（607年），西域的诸国胡人很多来到张掖（今甘肃张掖）交易货物，炀帝派吏部侍郎裴矩掌管经营。裴矩知道炀帝喜好经略远方的心理，当诸国胡商到达张掖时就以利引诱他们来见，向他们打探诸国的山河地理和风土人情，据此撰写了《西域图记》三卷，共记述了四十四国的状况，入朝奏报给炀帝。又另外绘制西域地图，有关西域的要

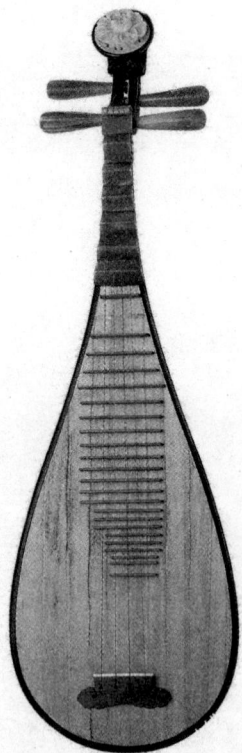

害位置都画在上面。炀帝赏赐给裴矩丝帛五匹，当天召见裴矩到御前亲自询问他有关西域的情况。裴矩见机大肆谈论"西域物产丰盛，吐谷浑容易吞并"。炀帝于是感慨万千，仰慕秦始皇、汉武帝功劳，更加迫不及待想开通西域以满足自己的野心。于是任命裴矩为黄门侍郎，担任经略四夷的重任回到张掖，用利益引诱西域胡人入朝朝见天子。从此以后，西域商人不断来往京城，所经过的郡县则疲于迎来送往，耗费的财富数以万计，可谓苦不堪言。

大业五年（609年），炀帝亲征吐谷浑，吐谷浑故地皆空，大隋拓地数千里。吐谷浑东西四千里，南北两千里，范围东起青海湖东岸，西至塔里木盆地，北起库鲁克塔格山脉，南至昆仑山脉。炀帝在吐谷浑故地置西海（今青海湖西）、河源（今青海兴海东南）、鄯善（今新疆若羌）、且末（今新疆且末南）四郡，西海郡就设置在吐谷浑故都伏俟城。炀帝命令把隋朝天下所有犯轻罪的人移居到吐谷浑故地居住戍边，并令西部诸郡运粮以供给之，命刘权率军镇守河源郡积石

本紀
高祖

　　唐魏徵撰
　　明項篤壽輯

鳳部

史臣曰高祖龍德在田奇表見異眇明藏用故知
我者希始以外戚之尊受託孤之任與能之議未
為當時所許是以周室僶臣咸懷憤悅既而王謙
固三蜀之阻不踰斤月尉迥舉全齊之眾一戰而
亡斯乃非止人謀抑亦天之所贊也乘茲機運遂
遷周鼎于時蠻夷猾夏荊揚未一劬勞日昃經營

隋書論贊卷之一

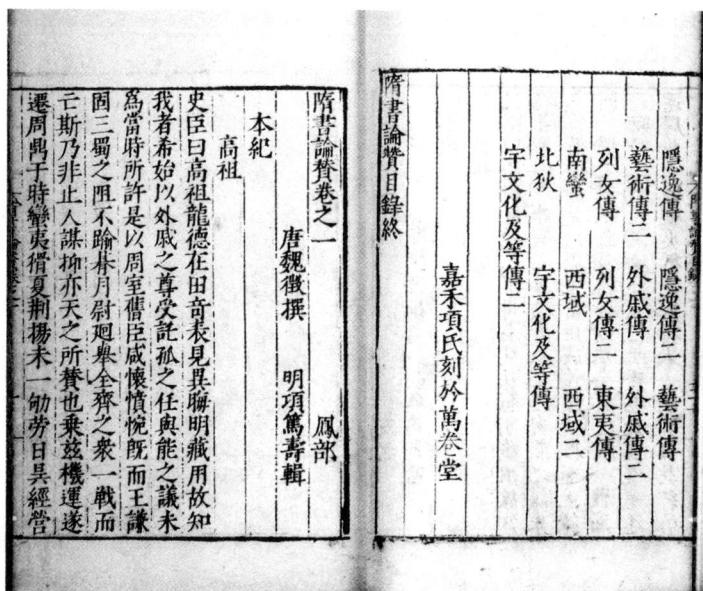

镇，大开屯田。隋朝在吐谷浑故地置州、
县、镇、戍，实行郡县制度管理，这是以
往各朝从未设置过正式行政区的地方。
《隋书·食货志》："帝亲征吐谷浑，破之
于赤水。慕容佛允委其家属，西奔青海。
于是置河源郡、积石镇。又于西域之地置
西海、鄯善、且末等郡。谪天下罪人，配
为戍卒，大开屯田，发西方诸郡运粮以给
之。"

　　隋炀帝率大军从京都长安（今西安）

河西走廊

浩浩荡荡地出发到甘肃陇西，西上青海横穿祁连山，经大斗拔谷北上，到达河西走廊的张掖郡。这次出行的目的绝不是游山玩水，个人玩乐。因为西部自古为大漠边关、自然环境恶劣，隋炀帝还曾遭遇到暴风雪的袭击。此峡谷海拔三千多米，终年温度在零度以下。士兵冻死大半，随行官员也大都失散。隋炀帝也狼狈不堪，在路上吃尽苦头。隋炀帝这次西巡历时半年之久，远涉到了青海和河西走廊，其意义重大。在封建时代，抵达西北这么远的地方的皇帝，只有隋炀帝一人。隋炀帝西巡过程中置西海、河源、鄯善、且末四郡，进一步促成了大西北成为中国不可分割的一部分。

隋炀帝到达张掖之后，西域二十七国君主与史臣纷纷前来朝见，表示臣服，各国商人也都云集张掖进行贸易。隋炀帝亲自打通了丝绸之路，加强中原与西方各个方面的联系与交往，这是千古明君

才能有的功绩。为炫耀中华盛世，隋炀帝
杨广在古丝绸之路举行了万国博览会。
游人及车马长达数百里，堪称创举。由于
丝绸之路的畅通，不仅使张掖的国际贸
易市场更加繁盛，还促进了中原一带贸易
市场的兴起和发展，如关中的岐州（今陕
西凤翔）、西京长安、东都洛阳等。从此，
西域的高昌、焉耆、龟兹、疏勒、于阗、康
国、安国、米国、吐火罗等国家的商贾使
者来往于长安、洛阳一带，络绎不绝。负
责西域事物的裴矩在《西域图记》中说：
"伊吾（今哈密）、高昌（今吐鲁番），鄯善
（今若羌），亚西域之门户也。总凑敦煌，
是其咽喉之地。"隋炀帝派遣薛世雄在

西域伊吾国内修建一座"新伊吾城"，罢
州置郡，敦煌又为敦煌郡。隋代在莫高窟
开凿了大批的石窟，敦煌地区甚至还出
土了一些隋皇室成员的写经，可见隋王朝
对西域的重视。隋炀帝还派司隶从事杜
行满出使西域，从安国带回五色盐。又派
云骑尉李昱出使波斯，回国时，波斯的使
者、商人也随至中原。炀帝之前，中西交
通的丝绸之路只有南北两道。隋炀帝时
期不仅以前的道路更加畅通，而且新增

一道，即新北道。这样，隋通西域的道路共有三条：北道（又叫新北道），出自敦煌至伊吾，经蒲类、铁勒部，渡今楚河、锡尔河而达西海；中道（汉代的北道），出敦煌至高昌，经焉耆、龟兹、疏勒，越葱岭，再经费尔干纳、乌拉提尤别等地而至波斯；南道，出敦煌自鄯善，经于阗、朱俱波、渴盘陀，越葱岭，再经阿富汗、巴基斯坦而至印度各地。

肃肃秋风起，悠悠行万里。

万里何所行，横漠筑长城。

岂台小子智，先圣之所营。

树兹万世策，安此亿兆生。

讵敢惮焦思，高枕于上京。

北河见武节，千里卷戎旌。

山川互出没，原野穷超忽。

撞金止行阵，鸣鼓兴士卒。

千乘万旗动，饮马长城窟。

秋昏塞外云，雾暗关山月。

缘严驿马上，乘空烽火发。

借问长城侯，单于入朝谒。

浊气静天山，晨光照高阙。

释兵仍振旅，要荒事万举。

饮至告言旋，功归清庙前。

这是隋炀帝在这次西巡时所作的《饮马长城窟行》，成为千古名篇，"通首气体强大，颇有魏武之风"。从这首诗中

可以看出开拓西域的艰难
和隋炀帝的雄心抱负。

隋炀帝此次西巡开拓
疆土、安定西疆、大呈武
威、威震各国、开展贸易、
扬我国威、畅通丝路，乃一
代有作为的国君所为。唐
太宗也感慨地说："大业之
初，隋主入突厥界，兵马之强，自古以来
不过一两代耳。"

大业六年（610年），隋政府又设置
伊吾（哈密）等郡。隋炀帝除向西北开拓
疆土外，隋朝大军还向东南进行了一系列
开疆拓土的战争，这些战争的胜利使大
隋王朝东南的领土疆域扩大到印度的安
南、占婆（今越南地区）及中国台湾等地。
在海南岛上分置儋耳、珠崖、临振三郡。
北边有五原郡（内蒙后套一带）。此外隋
文帝时期已经把强大的突厥分裂成东突
厥与西突厥两部，并在和东突厥的战斗

中取得胜利。《剑桥中国隋唐史》这样说："在炀帝全盛时期，西突厥人对他似乎是一个次要问题，一个以少量代价即能为中原帝国所用的累赘。"这也为以后唐太宗取得一系列的胜利打下了坚实的基础。

为了显示隋朝的富庶，进一步提高王朝的威望，大业六年（610年），隋炀帝把西域诸国的使节和商人汇集在东都洛阳。于是征集四方"奇技异艺"于洛阳的端门外大街，戏场周围五千步，演奏乐器的多达一万八千人，乐声传遍数十里，令人耳目眩晕，从黄昏一直闹到天亮，夜里火树银花、繁花似锦，整整持续一个月才停止，耗费

了亿万计的财富，直看得西域胡人神魂颠倒。从此以后，这样的集会每年都举行一次，成为例行娱乐。

诸国商人又请求进入洛阳的丰都市场交易，炀帝也盛情恩准他们的请求。为了显示中原华夏的强大，炀帝下令先整顿修饰市场的店铺，屋檐要整齐划一，墙上要挂上帷帐，屋里要堆满珍奇的物品，连人物也要个个漂亮，就连卖菜的小贩也要垫上龙须席（一种用龙须草织成的席子）。胡人客商每次经过酒店饭店，都必须邀请他们就座，喝醉吃饱之后一律不收钱，还要告诉他们说："中国富足，喝酒吃饭照例不要钱。"胡商都惊叹不已。胡商也并非没有察觉，他们发现缠在树上的丝帛就问："中国也有贫穷的人，衣服遮盖不住身体，何不把这些丝帛给他们穿，缠在树上干什么？"市场的人惭愧得很，无言以对。

通过精彩的歌舞显示中国文化的无

穷魅力，营造出欣欣向荣、万方同乐的氛围，使来自荒漠的胡人惊叹不已，自觉地向隋朝靠拢，以达到威服四夷的目的，这是隋炀帝的成功。但是隋炀帝为达到这一目的，为了满足自己的虚荣自大之心，可谓不惜血本，虽然"诸番慑惧，朝贡相继"，但广大人民为此却付出了沉重代价。

(五)出游江都礼乐隆盛

隋炀帝开凿大运河,虽功在千秋,却弊在当时。古人有"种柳开河为胜游"的诗句,今人亦有人指出开河"出于君王游幸之私欲"。这种说法是有历史根据的。因为在通济渠和邗沟刚贯通时,隋炀帝便带领皇后嫔妃、百官大臣和大批军队,扬帆起程往江都巡游去了。

大业元年(605年)八月,隋炀帝出游江都,从显仁宫出发,黄门侍郎王弘预先派来龙舟船队恭候奉迎。炀帝先乘坐小

朱航船，从漕渠出洛口换乘龙舟。龙舟分成四层，高四十五尺，长二百尺，上层建有正殿、内殿、东西朝堂；中间两层建有120间房，都装饰着金玉；下层是侍从们的住处。萧皇后乘坐的翔螭舟，只是规模较小而已，装饰同龙舟一样豪华。又有称为浮影的大船九艘，高三层，都是人工建造的水上宫殿，此外，又有称作漾彩、朱鸟、苍螭、白虎、玄武、飞羽、青凫、五楼、道场、玄坛、楼船、黄蒦等名号的大船数千艘，供妃嫔、诸王、公

主、百官、僧尼、道士、外国使节及客商乘坐，并装载朝廷内外各机构部门进献的物品。共征发挽船的民夫八万余人，其中九千余人专挽漾彩以上级别的大船，称为"殿脚"，都身穿锦彩袍衣。又有称作平乘、青龙、八棹、艇舸的船只数千艘，乘坐十二卫兵士并载运兵器、帐幕等，由兵士自挽，不给役夫。这支大船队前后衔接，长达二百余里，两岸骑兵护送，水面、岸边彩旗飘扬，水光辉映，照耀着山川大地。炀帝下令所经过的州县五百里之内的民众都得前来献食，有些州献食多到一百车，都极尽水陆珍味美食。后宫妃

嫔、宫女们吃腻了，临行前便将这些美食抛弃埋掉了。

大业二年（606年）二月，炀帝诏命吏部尚书牛弘等官员议定舆服、仪卫制度，任命开封仪同三司何稠为太府少卿（掌内府器物）专门负责营造，送往江都。何稠富有智慧，构思巧妙，博览图书典籍，汇集参考古今的样式和构造，多有改进。衮衣（礼服）冠冕（礼帽）上画有日月星辰，皮弁（贵族用的一种礼帽）是利用漆沙制作的，又制作三万六千人的黄麾仪仗，而皇帝乘坐的各

式车辆、皇后的仪仗、文武百官的朝服，
都务求制作得华美，使炀帝称心如意。
又向州县征收羽毛，作仪仗上的装饰，害
得百姓到处寻求捕捉，罗网撒遍了水中，
布满了陆地，凡是羽毛可以用作装饰的
飞禽鸟兽都被捕尽杀绝。乌程地方有一
棵高过百尺的大树，树干上没有旁出的枝
条，树顶上有一个鹤鸟巢，当地的百姓想
要捕捉鹤鸟雏，但爬不上去，就砍伐树
根，大鹤害怕树倒摔死雏鸟，就自拔羽毛

投在地面上。当时有人称这是祥瑞，说："天子要造羽仪，鸟兽自献毛羽。"这可能是传闻，但足见其扰民之深。仅仅制作羽仪一项役使的人工就多达十余万人，耗费的金银钱帛数以亿万计。炀帝每次出外游乐，使用的仪仗队都塞满了街路，连贯二十余里。

三月，炀帝从江都出发，返回洛阳。四月，炀帝从伊阙（今河南伊川西南）乘坐法驾（天子的车驾），在千乘万骑的簇拥之下进入东都城。几天后，他亲临端门宣布大赦天下，并免除全国当年的租税。规定五品以上的文官乘车、上朝穿戴冠服、佩戴美玉等制度，规定武官骑乘的马匹装饰珂（似玉的美石）、武官戴帻、穿用裤（套裤）褶（夹衣）的制度。当时，礼乐典章制度的隆盛，可以说是其他朝代所望尘莫及的。

当年七月，太子杨昭因病去世，炀帝哭了几声就止住了，旋即又奏乐歌唱，与平常没有什么两样。八月，炀帝封皇孙杨炎为燕王、杨侗为越王、杨侑为代王，这三位王都是杨昭的儿子。九月，封秦王杨俊的儿子杨浩为秦王。

十月，在巩县（今河南巩义）东南的台地上面设置了洛口仓，在仓城周围二十余里，挖掘了三千座大地窖，每窖可储藏八千石粮谷，并设置了监管的官员和镇守的士兵一千人。十二月，又在东都洛阳北七里外设置了回洛仓，修筑十里的仓城，挖掘了三百座粮窖。

先前在北齐温公（北齐后主高纬）的时代，流行鱼龙、山车等杂技，称为散乐（又称百戏）。北周宣帝宇文赟时，郑译奏请征用这些杂技百戏。隋文帝杨坚受禅登帝位后命令牛弘制定礼乐制度，凡是不属于正声、清商和九部、四舞的音乐歌舞一律摒弃。炀帝即位后以突厥启民可汗将要入朝为理由，想要利用富有和欢乐来自相炫耀，太常少卿裴蕴迎合炀

帝的心意，奏请召集全国周、齐、梁、陈时代的乐家子弟编为乐户；又六品官以下至平民有擅长音乐百戏的都集中到太常寺当差。炀帝采纳了这个建议，于是全国各地的杂技百戏云集东都洛阳。

炀帝在芳华苑积翠池旁检阅这些杂技百戏，有舍利兽先跳跃起来，忽然间激起水流注满街衢；有鲸鱼吞云吐雾掩蔽了太阳，转眼之间化成黄龙，身长七八丈；又有二人各自头顶竹竿分左右行走，竿上各有人舞动，忽地同时跳到对方的竿上；还有神鳌（大海龟）负山、幻人吐火等杂技，真是千变万化。歌伎戏人都身穿锦绣彩衣，舞女们都佩玉鸣环，点缀鲜花羽毛。炀帝命令京兆郡（治所在长安）、河南郡（治所在洛阳）的百姓为他们制作新衣，作为一种征税，为此，东西两京的锦绣都用光了。炀帝常常制作艳丽的篇章，命令乐正（乐师）白明达谱写新曲教人弹拨演奏。炀帝听了非常高兴，对白明

达说："齐氏（北齐高氏）偏安在一隅之地，他的乐工曹妙达还封为王。朕今天全国一统，正是要使你显贵的时候，你应该自己注意修饰谨慎。"

(六)三征高句丽穷兵黩武

早在隋文帝开皇十七年（597年），远在辽东的高句丽王高汤听到隋灭陈的消息非常恐惧，极力加强兵备，积蓄粮草，做抵抗守御的准备。当年，隋文帝发布

致高汤的诏书说：你们东北方虽然土地
狭窄，人口稀少，假若现在废黜了你的王
位，也不能就此对东北不管不问，朝廷还
要重新选派官属，前去安抚你们那里的
黎民百姓。你如果能洗刷心灵改变行为，
一切遵照朝廷的典章制度，即是朕的良
臣，何劳另外派遣贤能之士呢？你认为辽
水的宽广比长江如何？高句丽国的兵民比
南陈多少？朕假如不存包含抚育之心，责
罚你从前的罪过，立即命令一位将军出
征，能费多少气力！朕之所以情意恳切地

加以劝导，是允许你悔过自新。

高汤接到诏书惶恐不安，准备进献表文陈述谢罪，恰在这时他不幸病死，他的儿子高元即王位。隋文帝派遣使者授予高元上开府仪同三司的官衔，承袭辽东公的爵位。高元向朝廷进献表文谢恩，并趁这个机会请求封他为高句丽国王，隋文帝允许了。

开皇十八年（598年）二月，高句丽王高元率领包括靺鞨（女真族的前身）在内的军兵一万多人攻掠辽西地区（治今辽宁义县西），被隋营州总管韦冲率军击退。
隋文帝听说后大怒，任命汉王杨谅、上柱
国王世积同为行军元帅，统帅水陆三十万
大军讨伐高句丽。又任命尚书左仆射高
颎为汉王长史、周罗侯为水军总管。六
月，隋文帝颁布诏书废黜高句丽王高元的
官职、爵位。汉王杨谅统率的大军出了临
榆关（今山海关），正遇上大雨过后的水
涝，后勤运输供应不上，军中缺少粮秣，
又遇上传染病流行。周罗侯率领水军从

东莱（今山东掖县）渡海直奔平壤（今朝鲜平壤市），途中也遭遇大风，战船大多沉没。九月，隋军被迫撤回，兵士死亡了十分之八九。高句丽王高元也惊慌惧怕，派遣使节向朝廷谢罪，呈献表文自称"辽东粪土臣元"，隋文帝于是停止用兵，对待高句丽王还像当初那样。

百济王余昌派遣使节进献表文，请求为隋军讨伐高句丽充当向导，隋文帝下诏书告谕他："高句丽王已经认罪归附，

朕已经赦免了他，不能再行讨伐。"朝廷优待了百济的使节，然后遣送回国。高句丽略知一些消息，为报复百济，便出兵劫掠百济的边境。

炀帝大业六年（610年），当炀帝亲临启民可汗牙帐的时候，恰好高句丽国的使节正在那里，启民可汗不敢隐瞒，便和他一起面见皇上。这时黄门侍郎裴矩对炀帝说："高句丽本是箕子（商纣王时代的忠臣）的封地，汉、晋时代一直是中国的郡县，现在却不臣服朝廷。先皇帝（隋文

帝）准备讨伐高句丽已经很久了，只是由于杨谅无能，以致师出无功。当今陛下君临天下，怎能不夺取回来，使文明礼仪之境反而成了蛮貊（指东北的部族）之乡？今天高句丽的使节亲眼见到了启民可汗举国奉从大隋的情景，可以趁他们恐惧之时，胁迫高句丽王进京朝见。"炀帝听从了他的建议，命令牛弘向高句丽使者宣布圣旨说："朕因启民可汗诚心诚意地尊奉朝廷，所以才亲临他的牙帐。明年朕将

去涿郡，你回去转告高句丽王，应当及早前来朝见，不要自生疑惑和恐惧。所有存育教化的礼仪，将如同对待启民可汗一样。假如不来朝见，朕将率领启民可汗去巡视你们那里。"

高句丽王高元虽然十分惧怕，但并没有前往朝见炀帝，藩臣的礼节也并没有完全尽到。炀帝对此大怒，便准备讨伐高句丽，下令征收全国富户的军赋，让他们购买战马，一匹马价值高达十万钱，又派

使官检查兵器，务求精制新造，如果发现粗制滥造、质量低劣，就立即处斩使官。

大业七年（611年）二月，炀帝从江都来到涿郡，颁布诏书征讨高句丽。命令幽州总管元弘嗣到东莱海口负责建造海船三百艘。为了讨好炀帝，官吏监督工役极其严厉急切，匠役们昼夜站在海水中，不敢稍微休息，从腰部往下都开始腐烂生蛆，死亡了十分之三四。四月，御驾到了涿郡的临朔宫，跟从的文武百官凡九品以上的，当地都必须按照命令妥善安置住宅。在来涿郡之前炀帝就下诏征调全国的兵力，不问地方远近全部集中到涿郡。又征调江淮以南的水手一万人，弓箭手三万人，岭南排镩手三万人。当时，四面八方的士兵不远千里奔赴涿郡如同流水一般。五月，炀帝命令河南、淮南、江南的民众赶造战车五万辆送到高阳，供士兵装载衣甲帐幕，由士兵自己推挽。又征发河北、河南的民夫运送军需物资。七月，征调江淮以南的民夫以及船只运载黎

阳仓和洛口仓诸仓米到涿郡。船只依次衔接有几千里不断，运载着兵器甲帐以及攻城的器具，经常有数十万人来往在水道和陆路的运输线上。运夫车马拥挤在道上，死亡的民夫尸体遗弃在路旁，臭气熏天也无人过问。人民都无法忍受这种暴政，起义时有发生。

大业八年（612年）正月，四方的军兵都汇集到涿郡。炀帝征召太史令庾质，问他："高句丽的人口抵不过我们一个郡，现在朕凭着这么多的军队去讨伐它，卿以为能否战胜？"庾质回答说："征伐是可以战胜他们的，不过依臣愚见，不希望陛下亲自征讨。"炀帝很不高兴地说："朕现在集中大军在这里，怎么可以没见到敌人而自己先退却了呢？"庾质回答说："攻战而不能取胜，恐怕有损陛下的威严，假如陛下坐镇这里，命令勇猛的大将和强壮的士兵，指示他们作战方针，然后让他们急速行军，出其不意攻击敌人，就一定会战胜。军贵在神速，迟缓就不会成功。"炀帝不满地说："既然你害怕上前线，自己留在这里好了。"这时右尚书署监事耿询恳切地要求炀帝不要亲征，炀帝大怒，名左右的卫士斩了他，由于少府监何稠苦苦相求，耿询才免于一死。

几天以后，炀帝命令征讨大军出发，炀帝根本不重视兵贵神速、出其不意，而是每天发一军，每军间隔四十里，连营渐进，大军用了二十四天才出发完。结果是排成一字长蛇阵，根本没有战斗力。

炀帝大业八年（612年）三月，炀帝率领征讨大军经过两个月行军，齐集辽河边，沿辽河摆列军阵。高句丽兵依仗辽水坚守抵抗，隋军不得渡河。炀帝命令工部尚书宇文恺在辽水西岸建造三座浮桥，浮桥建成后士兵们推桥直奔辽水东岸，由于桥身短，还差两丈多到不了对岸，高句丽兵居高临下猛击河水中的隋兵，隋兵登不上岸去，死伤惨重。左屯卫将军麦铁杖与虎贲郎将钱士雄、孟叉等人跳上河岸，都奋战而死，于是隋军命令收兵，推桥又回到西岸。

诸将率军东进，炀帝亲自告诫他们："今天我大军出征，是为了慰问高句丽民众，讨伐有罪的高句丽王，并不是为了建立功名。诸将当中有不了解朕的旨意，想以轻兵突袭，孤军深入，独自战斗以立身扬名邀功请赏者，都不符合大军征伐之法。你们进兵要分成三道，进行攻战，三道一定互相配合，不得冒险独进，以至

于散失亡败。再有，凡是军事进止，都必须奏报，等待命令，不得专擅行事。"辽东城的高句丽守军屡次出战不利，便据城死守。炀帝命令诸军攻城，又令诸将："高句丽如果投降，应当立即抚慰接纳，不得纵兵进攻。"辽东城每次将要攻陷，城中守军就声称请求投降，诸将奉命不敢趁机猛攻，先派人快速奏报，等到领旨回来，城中守军补充完备又坚守抵抗。如此再三，炀帝还是执迷不悟，因此辽东城久攻不下。六月，炀帝来到城南亲自观察城池的形势，于是召见诸将斥责他们说："你们自以为官居高位，仗着家世显贵，

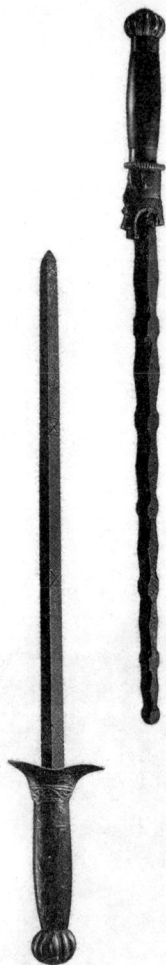

打算用懦弱、怠慢来对待朕吗？在都城之日，你们都不愿意朕亲征，恐怕朕发现弊端，朕今天来到这里，正想要观察你们的所作所为，斩杀你们这些人！现在你们畏惧死亡，不肯尽力作战，是认为朕不敢杀你们吗？"诸将都浑身颤抖，变了脸色，炀帝于是停留在辽东城西数里的地方，坐镇六合城。高句丽国的都城各自坚守，隋军长久攻不下来。

右翊卫大将军来护儿率江淮的水军，战船相连数百里，渡海先行。在离平壤六十里处与高句丽军相遇，隋军发起攻击，打败高句丽军。来护儿想要乘胜直攻平壤城，副总管周法尚劝止他，请求等候诸军到齐一同进攻。来护儿不听劝告，选拔了精锐甲士四万人直抵平壤城下。高句丽埋伏重兵在罗郭城内的空寺中，然后出兵与来护儿军开战而假装败退，来护儿不知是计，便带兵追赶进入平壤城，放纵士兵擒获掠夺，乱成了一团。高句丽的伏兵乘机杀出，来护儿大败，仅只身逃脱，士兵逃回不过几千人，高句丽兵一直追击到隋军战船停泊的地方，周法尚严阵以待，高句丽兵才撤回。来护儿领兵撤退驻扎在海边，不敢再留在平壤城下接应诸军。

炀帝凭借隋文帝时代积蓄的国力征集百万大军，分成二十四军依次前进，鼓声相闻，旌旗相望，浩浩荡荡九百六十里。这种终古未有的出师，意在炫耀武力，并不从军事的实际需要出发，失去了出其不意克敌制胜的可能。他不顾有识之士的一再劝阻，一定坚持亲自挂帅，严令诸将凡军事、进止必须奏报等待命令，不得专擅，志在贪天之功据为己有。他满以为百万大军一到辽东，高句丽就将乖乖出降，严令诸将，高句丽如请降必须安抚，不得纵兵进攻，结果一再贻误战机，导致了失败，他不检讨自己的指挥失误，反而归罪于于仲文。

大业九年（613年），在经过一系列准备之后，隋炀帝再次亲自指挥大军征讨高句丽。可是在后方督运粮草的礼部尚书杨玄感在黎阳（今河南浚县东北）举兵造反，并进逼东都，这是隋炀帝万万没有想到的，彻底打乱征伐高句丽的计划，炀帝不得不回师国内，征讨高句丽再一次受到挫折。

尽管国内发生大规模的起义，但隋炀帝仍不放弃扫灭高句丽的既定计划，并为再伐高句丽做准备。大业十年（614年）二月，隋炀帝下诏第三次御驾亲征高

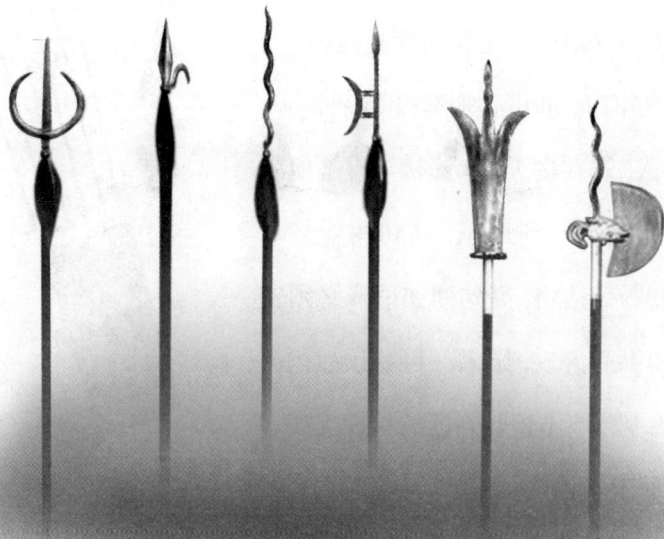

句丽。和前两次一样，征人远赴如流，舳舻相次千里，役夫往返道上数十万人，死者臭秽盈路，套役者不计其数。但这次征讨的结果就像是场滑稽戏，气势汹汹的百万大军，仅得到一句表示道歉的空话就按原路退回。炀帝是挽回了一点面子，但百万将士却不知走了多少冤枉路，送了多少无辜的性命。

隋炀帝三征高句丽，结果是失信于天下，并使万民百姓处于水深火热之中，他们在走投无路的情况下被迫起义反抗，隋朝统治变得风雨飘摇起来。

三、穷途末路

(一) 天下大乱义军遍地

隋炀帝发动的规模空前的征讨高句
丽的战争遭到空前的惨败，致使威信大
降，不仅损兵折将，还引起天下骚动，造
成国内政治失控和动乱，一场即将到来
的政治危机笼罩在王朝的周围。

大业七年（611年）秋，山东邹平人王
薄自称"知世郎"，即所谓通晓古今当世

之人，编了一首《无向辽东浪死歌》在民间传唱，歌谣煽动水深火热中的民众奋起反抗。于是王薄和孟让拥众据长白山（今山东章丘）起义，一时聚众数万人，首先举起了反抗隋炀帝暴政的大旗。

就连统治阶级的礼部尚书杨玄感也趁炀帝征高句丽之机，在黎阳（今河南浚县西南）起兵反叛。七月，余杭的平民刘元进起兵响应杨玄感，没过多长时间刘元进就拥众数万人。八月，杨玄感兵败，被押回到洛阳，在东都街市上被处死。这时，吴郡（治今江苏苏州）的朱燮、晋陵（今江苏常州）的管崇聚集百姓抢掠江东地区。

炀帝派大理卿郑善果、御史大夫裴蕴、刑部侍郎骨仪与民部尚书樊子盖追究杨玄感的同党。炀帝对裴蕴说："杨玄感振臂一呼，响应者十万，由此可知天下的人不可多，多了就聚集成盗贼，不把这些人斩尽杀绝，不足以惩戒后世。"樊子盖生性残酷，裴蕴又接受了炀帝的这个指示，于是利用严刑峻法惩治杨玄感的党羽，杀了三万余人，全部抄没其家，冤枉致死的有一多半，被流放的有六千多人。杨玄感围攻庆都的时候，曾打开粮仓赈济百姓，凡是接受赈济的人全部被坑杀在东都城南。与杨玄感友好的文士虞绰、王胄都被牵连发配边地，虞绰、王胄途中逃走，被官军捕获后处死。

炀帝善于撰著文辞，不能忍受别人超过他。薛道衡死后，炀帝说："他还能写'空梁落燕泥'吗？"王胄死后，炀帝吟诵他的佳句"庭草无人随意绿"，说："他还能作此诗句吗？"炀帝以自己的才学自负，往往傲视天下的士人，曾经对侍臣说："别人都说朕是继承了先帝的遗业才取得天下的，假使让朕与士大夫竞选，朕也应该做天子。"

炀帝曾对秘书郎虞世南说："朕生性不喜欢接受别人劝谏，如果是地位高、声望重的达官还想以进谏求名，朕更不能容忍他；至于卑贱的士人，朕虽然可以宽容他，但决不让他有出头之日，你记住吧。"

九月，东海郡（治今江苏连云港西南）平民彭孝才聚众数万人做强盗；十月，豪帅吕明星围攻东郡（治今河南滑县），被隋虎贲郎将费青奴击败。刘元进率领部众正准备渡过长江，正值杨玄感兵败，朱燮、管崇一同迎接刘元进，推举他为首领。刘元进占据了吴郡，自称天子，朱燮、管崇都做了尚书仆射，设置了百官，毗陵、东阳、会稽、建安等郡的豪帅多捕杀隋地方官响应刘元进。炀帝派遣左屯卫大将军领兵进攻清河，讨伐张金称，结果官军不敌。后隋军加强了对义军的打击，几乎战无不胜，可是平民百姓们响应叛乱如影随形，起义军战败了又重新聚集起来，使他们的势力更加强盛。

刘元进退兵占据了建安（今福建建瓯），炀帝命令吐万绪进军讨伐，吐万绪因为士兵疲劳困敝，请求暂时停止进攻，等待来年春天，炀帝很不满意。隋将鱼俱罗也以为贼兵不是一年数月可以平定的，便暗中派家中仆人接走在洛阳的诸子，炀帝闻讯大怒。主管官员为迎合皇上的心意，奏报吐万绪临敌怯懦，鱼俱罗挫伤失败，结果鱼俱罗获罪被处死。炀帝征召吐万绪到自己的住所，吐万绪忧愤地病死在途中。

　　炀帝另派江都丞王世充征发淮南的数万大军进讨刘元进。王世充渡过了长江连战告捷。刘元进、朱燮都败死在吴地，他们的部众有的投降，有的逃散。王世充召集先投降的人在通玄寺佛像前立下誓言，约定凡降者一律不杀。远离逃散的义军准备下海去作强盗，听到消息后，十天之间绝大部分义军都自首归降了，王世充把他们全部活埋在黄亭涧，杀害了三万多人。因此，其余的义军又聚集起来，官军无力讨伐，他们一直坚持到隋朝灭亡。炀帝认为王世充有将帅的才干，更加宠幸他，加以重用。

这一年，炀帝下诏，凡为盗者，抄没其家属及财产。当时义军的家属到处被抄没，郡县地方官吏为夺取财物和人口，更加专擅威福，任意杀掠。这时章丘的杜伏威成了义军的首领。

当时，炀帝刚从高句丽撤军返回西京，便准备到东都去，太史令庾质劝谏说："往年征伐辽东，百姓实在劳乏困敝

了，陛下应当镇守抚慰关内，使平民百姓都尽力从事农业生产，经过三五年时间，全国逐渐丰富充实，然后再巡视检察各方，这样对于帝业有益。"炀帝听了很不高兴。庾质见此，便推辞有病，不肯跟炀帝去东都，炀帝大怒，下令把庾质押进监狱，庾质最终死在狱中。十二月，炀帝到了东都，宣布全国大赦。

孟让从长白山攻掠到周围的郡县，进军到盱眙（今江苏盱眙），发展到十余万人，声势浩大。他们占据了都梁宫，并依托淮水设置了坚固的屏障进行固守。江都丞王世充率兵抵抗，设置了五座兵寨，占据了险要的位置，大破孟让军，杀死一万余人，孟让仅带领数十骑逃走，其余部众全部被俘。

大业十一年（615年），义军盗贼不断蜂起，炀帝二月，下诏命令百姓全都迁往城里居住，给城近处的田地耕种。于是郡县、驿亭、村坞修筑城池。当时上谷郡

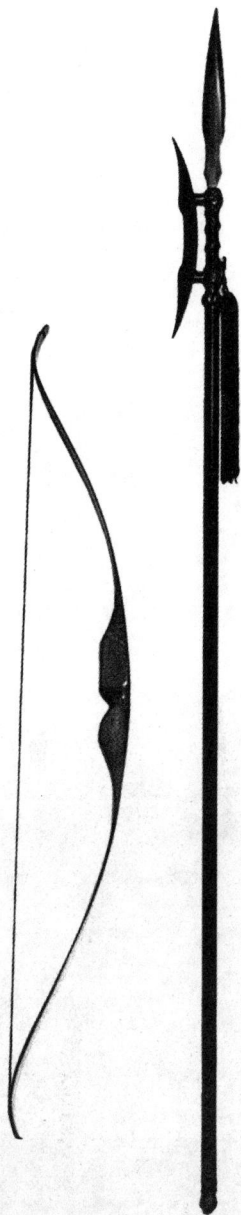

（今河北易县）豪帅王须拔自称漫天王，建国号为燕，他的副帅魏刁儿自称历山飞，聚众十余万勾结北面的突厥，攻掠燕赵一带。

另外还有三支规模较大的武装力量，即瓦岗军、河北义军和江淮义军。

瓦岗军活动于今河南一带，是各路反隋义军势力最强大的一支，领导人主要有翟让、李密等，为铲除隋炀帝的暴政进行了浴血奋斗。大业十二年（616年），瓦岗军大破金堤关；斩隋大将张须陀于大

海寺；大业十三年（617年）破兴洛仓以济贫，并发布讨炀帝檄文，指出隋炀帝罪行"罄南山之竹，书罪未穷；决东海之波，流毒难尽"。隋炀帝看到檄文，心惊色变。同时瓦岗军围攻洛阳，声威大震。但李密出于个人私心杀害翟让，使义军内部分化，实力大减。大业十四年（618年），童山之战，大败宇文化及。但义军损失惨重，良卒劲马也损失殆尽，又遭王世充突袭，李密降唐，义军失败。

河北义军主要由窦建德领导。江淮义军主要由杜伏威、辅公祏率领。这两支义军也在一定程度上对隋王朝给予了沉重打击。

大业十二年（616年）正月，炀帝举行朝会，已经没有外国使节来进献礼物。而其由于各地农民起义不断，道路阻隔，有二十余郡的使者未能到达东都。炀帝不但不反思自己的罪过，抚恤民众，反而变本加厉地进行镇压，派遣使者分赴十二

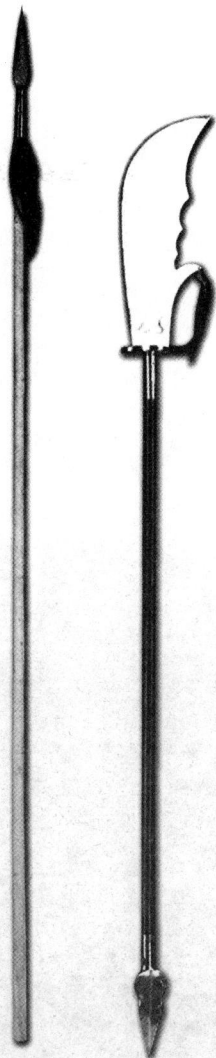

道发兵讨伐捕杀盗贼。但疯狂的镇压没有取得成效，反暴政的起义还是此起彼伏。

当时天下已经大乱，在各地农民起义不断风起云涌的时候，地主贵族官僚也纷纷起兵。大业十三年（617年），李渊父子在晋阳起兵，迅速进军关中，袭占京师长安，隋朝的灭亡进入了倒计时。

（二）三游江都醉生梦死

大业十一年（615年）隋炀帝再次北巡突厥，试图重现大业三年北巡启民可汗的声势，以挽回一点面子。可是却被围困在雁门，经过拼死力战，才最终逃出突厥的包围回到中原。大隋天子的威严丧失殆尽。同时国内局势动乱不已，盗贼蜂起。隋炀帝狂妄的扩张野心被撕得粉碎，无边无际的权力欲望受到了限制。无情的现实使隋炀帝无力回天，只好逃避现实，政治上不再有任何进取之心，反而在生活上更加追求奢侈，成为一个彻头彻尾的昏君。

同时炀帝也开始为自己的后路考虑。于是命令毗陵郡通守集中十郡的兵力数万人，在郡城的东南修

建宫苑，在方圆二十里内修建了二十座离宫，大都模仿东都西苑的制度，而奇异和壮丽程度有过之而无不及。隋炀帝还准备修建宫苑于会稽郡（今浙江绍兴），这都是为逃跑江南作准备。又因为运河上的龙舟被杨玄感烧毁，早在大业十一年隋炀帝就命令重新制造数千艘龙舟，全部运送到东都备用。

面对日益恶化的政治局势，隋炀帝也日益恐惧，自大业八年（612年）以来，

夜里一直睡眠不稳，梦中经常呼喊有贼，必须由几个妇人像待小儿那样摇晃、安抚才能入睡。而且其政治意志也完全崩溃，不愿过问朝政，整日追求享乐。宇文述见机便劝隋炀帝到江都去，这正好符合隋炀帝心思，于是欣然接受。这时右卫大将军赵才劝谏说："当今百姓疲劳不堪，府藏已经空虚，盗贼蜂拥而起，朝廷的法令不能实行，希望陛下返回京都安定黎民百姓。"炀帝大怒，把他交给官吏治罪，过了几天怒气稍有消减，才放他出来。这时朝官都不想去江都，由于炀帝意志坚决，没有人敢于劝阻。但建节尉任宗上书极力劝谏，当日在朝堂上被活活打死。七月一日，炀帝起程去江都，留下越王杨侗与光禄大夫段达等人全面负责留守事宜。炀帝留下一句诗与宫人辞别，诗云："我梦江南好，征辽亦偶然。"其诗也说明炀帝征伐高句丽纯系偶然，只因为高句丽王高元不肯入朝，他便"偶然"一念而使生灵涂炭，也葬送了隋王朝。奉信郎

崔民象以盗贼充斥为由，上表文谏阻去
江都，炀帝大怒，下令先割下他的下巴，
然后斩首。

　　炀帝来到江都不思振作，在生活上
更加糜烂，他对治国平天下的圣王之业
已经彻底丧失了信心，于是颇思享乐。他
接见前来拜见的江淮地方官，专问献礼
多少，献礼多的升为郡丞、郡守，献礼少
的一律给予停职处分。江都郡丞王世充
献上铜镜屏风，便升他为江都郡通守。历
阳郡丞赵元楷献上美食，便提升他为江
都郡丞。从此各郡县官员竞相搜刮百姓

来充实贡献。平民百姓外受盗贼掠夺，内受官府逼赋，生计全部断绝，再加上饥饿断粮，人们不得不吃树皮或是煮土为食，到最后食物全部吃光，竟然发生"人吃人"的世间惨剧。而官府的粮食却是充足的，但地方官畏惧犯法，不敢开仓赈济饥民，对此人间悲剧视而不见，毫无人性。王世充还广泛搜集江南美女进献给隋炀帝以博得欢心，炀帝更加沉迷声色犬马之中不能自拔。在宫中设置了一百多处的游乐房，各房装饰豪华，陈设帷帐用具专供游宴，内居美女多人，每天由其中一房做

主人。由江都郡丞赵元楷专门负责提供酒食物资。炀帝及萧皇后以及宠幸的美女按照次序来到房里饮宴，酒杯不离口，跟从的美女千余人也经常昼夜昏醉，就在这种虚无荒淫的生活中度过每一天。然而，炀帝见到全国一片动乱危亡的局面，整日发慌不能自安，退朝之后便带上幅巾，身穿短衣，拄着拐杖四处游逛，走遍所有的楼台馆舍，不到黑

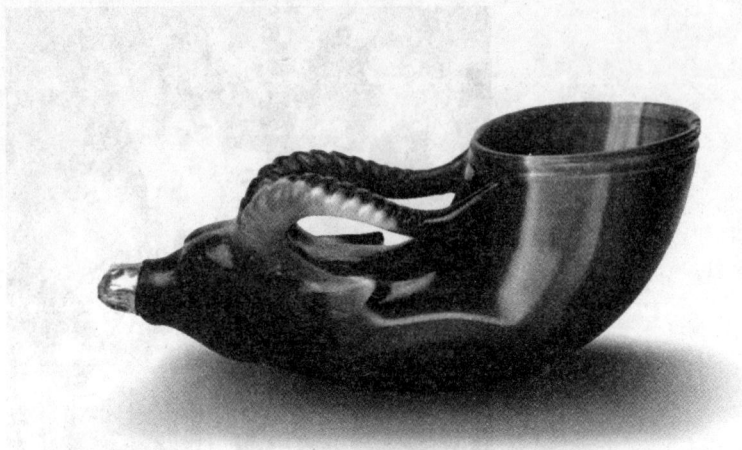

夜不停止，心情急切地看着周围的美景，唯恐看不全，因为他知道这样的美景也许不久就没有机会看到了。炀帝自己懂得占视天象，常常夜里摆上美酒，仰视天象，对身旁的萧皇后说："外面有好多人在图谋我的皇位，可是我大不了像陈后主那样封个长城公，且不管他，咱们还是一起饮酒作乐吧！"于是斟满酒杯喝得烂醉。炀帝一次照着镜子用手摸着自己的脖子，回头对萧皇后说："好头颅，不知轮到谁来砍？"萧皇后惊讶问缘故，炀帝强笑道："贵贱苦乐，轮回转换，又有什么好感伤的？"

就在隋炀帝避居江都之后一年的时间内，各地反隋起义形成高潮，农民起义风起云涌，地主贵族也相继起兵，社会各阶层都打起了反隋的旗号，全部起来造反，隋朝统治已处于风雨飘摇之中。炀帝见中原已经大乱，没有再回北方的心思，打算迁都丹阳（今江苏南京），保守江东，命令群臣在朝廷议定。内史侍郎虞世基等人都认为这是个好主意。右侯卫大将军李才极力陈述不可的理由，请求御驾重回长安，并且与虞世基发生激烈争吵，最后不欢而散。门下录事李桐客说："江东闷热潮湿，土地狭小，对内需供奉皇上，对外需供给三军，百姓负担不起，恐怕也将分散动乱。"御史弹劾李桐客诽谤朝政，于是百官阿谀奉承说："江东的百姓盼望陛下已经很久了，陛下渡过长江，安抚治理他们，这真是大禹王一样伟

大的事业。"炀帝命令修建丹阳宫,准备迁都丹阳。

(三)江都宫变独夫授首

在炀帝下令修建丹阳宫时,江都的粮食已经吃完了。可是跟从御驾的侍卫多是关中人,长期客居在外思念家乡,见炀帝没有西返的意思,许多人都打算叛逃回去。不久郎将窦贤带领部属向西逃走,炀帝派骑兵追杀了他们,可是逃亡的人还

是相继不断，炀帝因此而忧心忡忡。虎贲郎将司马德戡一向受到炀帝宠信，被委派统领侍卫驻扎在东城，司马德戡跟平时友好的虎贲郎将元礼、直阁（宿卫宫殿的领兵官）裴虔通密谋说："现在侍卫人人都想逃走，我想禀报，恐怕先被杀头，不去禀报，事发之后，也逃脱不了灭族的祸殃，怎么办？"元、裴二人都慌了，问道："可是有什么对策吗？"司马德戡说："侍卫如果逃亡，不如和他们一起逃走

算了。"二人都表示同意。于是互相串联，内史舍人元敏、虎牙郎将赵行枢、鹰扬郎将孟秉、符玺郎李覆、牛方裕、直长许弘仁、薛世良、城门郎唐奉义、医正张恺、勋侍杨士览等人都与他们同谋，白天夜里相互联结定约，在大庭广众之中也公开讨论叛逃的计划，无所畏惧和回避。有个宫人禀告萧皇后说："外面人人都想反叛。"萧皇后说："随你去上奏。"宫人对炀帝说了实情，炀帝听了大怒，认为不是宫人应当说的话，竟然处死了她。从此再没有人禀告叛乱的事了。

赵行枢与将作少监宇文智及一向交往亲密，而杨士览是宇文智及的外甥，他两人把密谋告诉给宇文智及，宇文智及听了心中大喜。司马德戡等人约定在三月十六日结伙西逃，宇文智及说："皇上虽然无道，威权命令还能行使，你们要逃走，是自取灭亡罢了。现在上天实要灭亡隋朝，英雄豪杰同时起事，一心叛离的已经多至数万人，可趁机举大事，这是帝王的大事业。"司马德戡等人认为言之有理。赵行枢、薛世良于是请求让宇文智及的哥哥右屯卫将军宇文化及做盟主，盟约确定之后，便告知宇文化及。宇文化及是个能力低下、性情怯懦的人，听说此事后吓得变了脸色，急出了冷汗，后来还是同意了。

司马德戡派许弘仁、张恺进入备身

府,告诉认识的人说:"陛下听说侍卫们想要叛逃,准备了许多毒酒,打算趁宴会把他们全都毒死,只与南方人留在这里。"侍卫们都非常害怕,互相转告,谋反就更加急迫了。接着,司马德戡把所有侍卫全部找来,告知他们要做什么,大家都说:"只听从将军的命令。"当天刮起了大风,昏天暗地。天黑之后,司马德戡盗取了御用的宝马,暗中磨砺了兵器。当天晚间由元礼、裴虔通在阁下值班,专门主管殿内。唐奉义主管关闭城门,与裴虔通约定好,诸门都不上锁。

到了三更时分司马德戡在东城集中兵众,到了数万人,举火把与城外相呼应。炀帝望见起火,又听到外面的喊叫声,问:"外面有什么事?"裴虔通回答说:"草坊失火,外面的人正在一起救火。"这时宫廷内外已经隔绝,炀帝便信以为真。宇文智及与孟秉在江都城外也集中了一千余人,劫持了巡夜的侍卫冯普乐,布

置兵力分别守卫街巷。这时燕王杨炎发
觉形势不妙，就连夜穿过芳林门旁的水
洞逃到玄武门诈称："我突然中风，生命
危在旦夕，请求面见皇上辞别。"裴虔通
不仅不禀报，还把他关押起来。

　　天不亮，司马德戡把集中起的侍卫
兵交给裴虔通，来替换诸门的卫士，裴虔
通从城门率领数百骑兵来到成象殿，宿
卫的士兵传呼有盗贼，裴虔通便返回来，
关闭各城门，只留下东门。卫士们都扔下

兵杖离殿而去。这时右屯卫将军独孤盛问裴虔通："是些什么盗贼,形势怎么与以前大不一样了?"裴虔通回答说:"形势已经这样了,不干将军的事,将军请谨慎,切勿乱动。"独孤盛大骂道:"老贼,这是什么话!"来不及披挂甲衣,便带领身边的十几个随从抵挡,被乱兵杀死。这时千牛(皇帝的亲身护卫)独孤开远率领殿内的士兵数百人跑到玄览门,敲阁门请求说："兵器还齐全，足能打败叛军。陛下如果出来亲自观战，人心自然安定，不然的话，大祸今天就将到来。"殿内竟没人回答，军士渐渐散开。叛军捉住了独孤开远，后来佩服他的君臣大义而释放了他。在这之前，炀帝曾经选择骁勇健壮的官奴数百人安置在玄武门，成为"给使"，以防备非常情况的发生，给他们的待遇特别优厚，甚至把宫女赐给他们。司宫魏氏也受到炀帝的信任，宇文化及等人便结交她作内应。这天，魏氏假传诏命，把给使们全部放出去，因此仓促之际竟无一人在场。

司马德戡等人领兵从玄武门进入殿中，炀帝这时听说外面叛乱了，急忙改换服装逃到西阁。裴虔通与元礼进兵搜查左阁，在魏氏的启示下他们进了永巷，逼问："陛下在哪里？"此时有人指示了方向，校尉令狐行达拔出刀来一直向前冲去。炀帝躲在窗扇后面对令狐行达说：

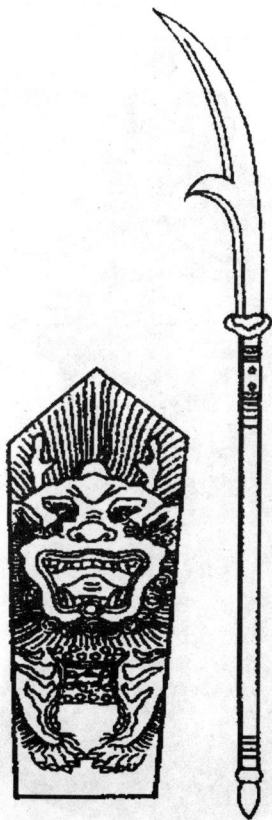

"你想杀朕吗？"令狐行达回答说："臣不敢，只想奉陪陛下回西京罢了。"便扶炀帝下阁。裴虔通本是炀帝做晋王时的左右亲信，炀帝看见是他，说："卿不是我的老友吗？什么怨恨使你反叛？"裴虔通回答说："臣不敢反叛，只是将士们思念西归，想奉陪陛下回京城罢了。"炀帝说："朕正想西归，只是由于船没有到，现在朕和你们一起回去。"裴虔通带兵看守着他。

到了天亮，孟秉带着装甲骑兵迎接宇文化及，只见他战抖着讲不出话来，有人前来见他，他也只是低着头，手把着马鞍，口称罪过。宇文化及来到了城门，司马德戡出来迎接，引进朝堂，上尊号称他为丞相。裴虔通对炀帝说："现在百官都在朝堂上，陛下必须亲自出来慰劳。"并进献带来的坐骑，逼迫他上马。炀帝嫌弃马鞍和缰绳破旧，给他更换了新的，才肯骑上去。裴虔通牵着马缰绳，带着刀

出了宫门，叛军们欢呼雀跃，惊天动地。宇文化及扬言道："用不着把这个老东西拉出来，赶快弄回去杀掉算了。"炀帝问道："虞世基在哪？"叛军首领马文举说："已经砍头了。"于是把炀帝带回到寝殿，裴虔通、司马德戡等人拔刀站在两旁监视他。炀帝感叹道："朕犯了什么罪，到了这个地步？"马文举说："陛下背弃宗庙不顾，巡游四方，对外屡次征兵

讨伐，对内极度奢侈荒淫，使青壮年男子都死在刀箭之下，弱小的女子填塞在沟壑之中，士农工商都丧失了生业，盗贼蜂拥而起。又专门信任谄媚的奸臣，文过饰非，拒不采纳意见，还说什么无罪！"炀帝说："朕实在对不住百姓，至于你们这些人，跟着朕享尽了荣华富贵，为何这样

对待朕？今天的事为首的是谁？"司马德
戡回答说："普天之下同心怨恨，何止是
一人。"宇文化及又让封德彝揭露炀帝的
罪状，炀帝说："卿是读书人，为何也参
与叛乱？"封德彝羞愧地退到后面。炀帝
心爱的小儿子赵王杨杲才12岁，这时站在
炀帝的身边号哭不止，裴虔通当着炀帝
的面一刀砍死他，鲜血溅到炀帝的御服
上。

叛军正要杀死炀帝，司马德戡说："且慢，天子自有死法，怎么能动用锋刃，拿鸩酒来！"马文举等人不许，让令狐行达把炀帝按倒在地上，让他坐下。炀帝自己解下白丝巾带交给令狐行达，就这样被绞死。当初，炀帝自知早晚躲不过这一难，经常用盛酒的瓶子贮藏毒药放在身边，对他宠幸的美女们说："如果贼人来了，你们就要先喝下去，然后朕也喝下去。"等到后来叛乱果真发生，回头找毒药瓶，左右的人都逃散了，竟然没找着。炀帝死后，萧皇后与宫人撤下漆床板，做成小棺材，把杨杲和炀帝一起葬在江都宫西院的流珠堂。

纵观隋炀帝的一生，他不是无所作为的庸君，也不是只顾淫乐的昏君，更不是英明仁义的圣君，而是一个不折不扣的暴君。他文韬武略，志包宇宙，在主观上想干一番历史功绩，但他迷信权力，不恤百姓，为建立自己的个人功业不顾一切，为了满足自己的无穷私欲而无所顾忌。隋炀帝不修仁德，不尊重人民最起码的生命权、生存权，与人民百姓为敌，唯我独尊，拒绝纳谏，最后把国家也拖入祸乱之中，自己成了独夫民贼，为万民所弃。还是让我们牢记历史古训："水能载舟，亦能覆舟。"